QUINO

Les vacances de Mafalda

TOME 9

EDITIONS Glénat

CE QUE JE FERAI QUAND JE SERAI GRAND ? JE NE SAIS PAS.

MAIS JE SAIS QUE JE NE SERAIS PAS **UN** PERDU DANS LA MASSE, ÇA NON.

ENCORE UN QUI GROSSIT LA MASSE DE CEUX QUI NE VEULENT PAS ÊTRE UN PERDU DANS LA MASSE.

SNIF ? SNIF ?

SNIF ? SNIF ?

PFF ! JE SENS QU'IL Y A QUELQUE CHOSE PAR ICI QUI VA FAIRE L'OFFRE SPÉCIALE DE LA SEMAINE.

¡CRACK!

DES ASTICOTS !

¡CRACK!

DES NOIX QUI ONT UNE VIE INTÉRIEURE ? BOUTIQUE DON MANOLO !!

TU ES FOLLE, MAFALDA ! TU ME VOIS FAIRE DES ÉTUDES ?

TU ME VOIS INGÉNIEUR, ARCHITECTE, AVOCATE OU MÉDECIN ? MOI ? JAMAIS !

JE VEUX ÊTRE FEMME AU FOYER ET ASSUMER LES TÂCHES DOMESTI-QUES. JE VEUX ÊTRE UNE **FEMME** !

ET PAS UNE DE CES EFFÉMINÉES QUI FONT DES MÉTIERS D'HOMMES !

IL Y A QUELQUE CHOSE À BOIRE CHEZ TOI, FELIPE?

REGARDE DANS LE FRIGO.

OHOHOH!
...

QU'EST-CE QU'IL Y A?

DANS LE FRIGO! IL Y A... UN CADAVRE DE POULET!

COMMENT ÇA, UN CADAVRE DE POU-LET? UN POULET, TOUT SIMPLEMENT, ESPÈ-CE D'IDIOT!

MAIS IL EST MORT. ET S'IL EST MORT, HEIN? C'EST QUOI?

MAIS, MON CHÉRI, LA CUISSE QUE TU AIMES TANT...

NON, NON!! DES LÉGUMES RIEN QUE DES LÉGU-MES!

SE CONCENTRER...

...NE RIEN SENTIR...

...SE CONCENTRER...

NE R... SNIF, SNIF...

ÇA NE MARCHE PAS, LE YOGA!

EST-CE QUE CE PORTIQUE EST BIEN ARRI-MÉ AU MONDE?

J'AI FINI TOUTES LES LIVRAISONS, PAPA!

DÉJÀ?

TU ES UN BON GARÇON, CRAPULE! ALLEZ! VIENS VOIR UN PEU TON PÈRE.

¡SMUÓK!

ALLEZ, BANDIT! VA JOUER! TU L'AS BIEN MÉRITÉ!

¡TÚP!

QU'EST-CE QUI T'EST ARRIVÉ?

RIEN. UN ROUND DE CÂLIN AVEC MON PÈRE.

...ET UNE CEINTURE DE DENTEL-LE QUI SOULIGNE LA TAILLE. MER CI ALEXANDRA. C'EST MAINTENANT LE TOUR DE MONIQUE, TRÈS A LA MODE, PORTANT...

1429

UNE MITRAILLETTE?

...UNE JUPE EN MOUSSELINE BLANCHE AVEC...

PAS SI A' LA MODE QUE ÇA, ALORS.

ET PUIS GUILLE EST GRAND, ÇA NE POSE PAS DE PROBLÈME DE LE METTRE AVEC MAFALDA.

1430

TU VEUX DIRE QU'ON MET-TRAIT SON LIT ICI?

OUI.

LES PARENTS Y VEULENT ZÉ ME MARIE AVEC TOI!

LA FAMILLE EST LA BASE DE LA SOCIÉTÉ!

1431

LA FAMILLE DE QUI? LA MIENNE N'EST COUPABLE DE RIEN!!

JE N'AI PLUS DE CHAMBRE A' MOI. MES PARENTS Y ONT FOURRÉ LE LIT DE GUILLE. J'AI PIQUÉ UNE DE CES COLÈRES!

ET GUILLE, QU'EST-CE QU'IL A DIT?

1432

IL A FAIT UNE CRISE DE NERFS PARCE QU'IL VOULAIT CONTINUER A' DORMIR DANS LEUR CHAMBRE.

MAIS EUX, TRANQUIL-LES. ILS ONT FAIT CE QU'ILS ONT VOULU.

ET TOUT ÇA, PARCE QUE NOUS, LES ENFANTS, NOUS VENONS AU MONDE QUAND LES PARENTS ONT DÉJA' ACCAPARÉ LE POUVOIR DANS LA FAMILLE!!

AÏE! AÏE! AÏE! QUI EST-CE QUE JE VOIS?

"BONJOUR! JE TE VOIS TOUT LE TEMPS PASSER PAR LÀ. COMMENT TU T'AP-PELLES"? "MOI, FELIPE; ET TOI?"

PAS UN MOT! QUEL-LE DÉGONFLÉE!

MON PÈRE M'A ACHETÉ "LE ROYAUME DE SALADIN", TU L'AS LU?

NON.

IL ÉTAIT UNE FOIS, DANS UN PAYS LOINTAIN GOUVER-NÉ PAR UN ROI TRÈS GÉNÉREUX...

AH OUI! ET LES MÉCHANTS, C'ÉTAIENT CEUX QUI L'ENTOU-RAIENT! JE LA CONNAIS, CETTE HISTOIRE!

QU'EST-CE QUE...

QUI A PRIS MA SERVIETTE?

AH! C'EST TOI, ÉVIDEMMENT! APPORTE-MOI ÇA!

RENDS-MOI ZA, PAPA!

RIEN DU TOUT! ET TU AS DE LA CHANCE QUE JE SOIS EN RETARD!

PARTAGER? JAMAIS!

TRÈS BIEN!

DE TOUTES MA-NIÈRES, ON ME PAIE-RAIT CHER POUR GOÛTER CETTE COCHONNERIE! TU ENTENDS?

¡SCHUIIP!

UN JOUR IL FAUDRA QUE JE FASSE PAYER À CE DOIGT SON MANQUE DE CARACTÈRE!

DES ENFANTS? OH NON, TU SAIS, NOUS VIVONS DANS UN STUDIO EN CE MOMENT.

GRAND CHOIX DE FLEURS EN PLASTIQUE

À FORCE D'ÊTRE MODERNE, JE ME DEMANDE SI LA VIE EST ENCORE LA VIE...

MOI, AVOIR DES ENFANTS POUR LA SURVIE DE L'HUMANITÉ?

MOI, AVOIR DES ENFANTS POUR PERPÉTUER L'ESPÈCE? QU'EST-CE QUE J'EN AI À FAIRE DE L'ESPÈCE, MOI?

JE VEUX ÊTRE UNE MÈRE, PAS UNE FABRIQUE DE PIÈCES DE RECHANGE

IL Y A PEUT-ÊTRE QUELQUE CHOSE DE BIEN SUR L'UNE DES CHAÎNES.

¡CLIK!

¡CLAK! ¡CLAK! ¡CLAK! ¡CLAK!

RIEN... RIEN QUE DE LA TÉLÉVISION!

¡PLINK!

ET VOILÀ!

MERCI.

CHUÍÍP CHUÍÍÍP CHUÍÍÍÍP

TÉTINE "ON THE ROCKS"!! FAUT LE FAIRE!

BONJOUR! VOUS SAVEZ QUE L'ANNÉE NOUVELLE A COMMENCÉ?

QUELLE CLOCHE! ÉVIDEMMENT QU'ON LE SAIT!

LA NOUVELLE A COURU COMME UNE TRAÎNÉE DE POUDRE!

TIENS, GUILLE. PRENDS UN MORCEAU DE SANDWICH!

AH! NON! POUR LUI, JAMAIS DE MORTADELLE!

ARTICLES POUR LE FOYER

IL N'A PAS L'AIR MAL, VOTRE MARI. ILS VOUS L'ONT LAISSÉ À COMBIEN?

OÙ VAS-TU ALLER EN VACANCES CETTE ANNÉE, LIBERTÉ?

JE NE T'AI JAMAIS PARLÉ DE LA MAISON DE MA GRAND-MÈRE A' LA CAMPAGNE?

J'Y SUIS ALLÉE UNE FOIS. IL Y A UNE VACHE DANS UN ENCLOS; UN CHEVAL, DES POULES, DES CANARDS, DES LAPINS...

ET BEAUCOUP D'ARBRES QUI S'EMPLISSENT DE CHANTS D'OISEAUX EN FIN D'APRÈS-MIDI. JE NE T'AVAIS JAMAIS RACONTÉ CELA?

NON.

ET BIEN, IL PARAÎT QU'ON VA RETOURNER S'ENNUYER DANS CET ENDROIT POURRI.

JE SUIS ENCEINT... VOILA' MA GLOIRE... MON ESPÉRANCE ET MON...

IL FAUT QUE J'ARRIVE AU RANCH DE MULLIGAN AVANT QUE CES HORS-LA-LOI NE METTENT LEUR PLAN A' EXÉCUTION!

OH! QUI S'A... OH...PPROCHE?

IL FAUT QUE J'ARRANGE AU VENT DE MULLI-RANCH AVEC CES HORS-LA-LOI AU BANC DE ÉLECTROCU-TION!

IL FAUT QUE J'ARRACHE AU BANC D'ÉMULE-MOI UNE FLEUR D'AIME-MOI POUR PASSER A' EXÉCU-TION!

TOUT AUGMENTE! SI ÇA CONTINUE, VEUX-TU ME DIRE COMMENT NOUS ALLONS VIVRE?

BOF! IL VA FALLOIR TIRER PAR TOUS LES BOUTS...

MAIS SI L'ON N'A PLUS DE QUOI S'ACHETER DES CARTOUCHES...

JE VAIS FAIRE DE LA GYMNASTIQUE, TU VAS VOIR!

ET UN RÉGIME, PAR-DESSUS LE MARCHÉ!

NON? ON VOIT BIEN QUE TU NE ME CON-NAIS PAS! DORÉNA-VANT, TU VAS VOIR UN PEU QUI JE SUIS!

UN PETIT BRUN RONDOUILLARD...

BONJOUR! QU'EST-CE QUE TU LIS?

UN ARTICLE SUR L'EXCÈS DE POPULATION MONDIALE.

IL Y A UNE LISTE DE NOMS?

UNE LISTE DE NOMS? NON! QUELLE LISTE DE NOMS?

AH!

ÇA VAUT MIEUX. SI JE SUIS DE TROP DANS CE MONDE, JE PRÉFÈRE QUE CE SOIT INCOGNITO.

PEUPLES DU MONDE!

POUVONS-NOUS RESTER L'ESTOMAC CROISÉ QUAND LA MOITIÉ DE L'HUMANITÉ MANQUE D'APPÉTIT?

QU'EST-CE QUI VOUS PREND, VOUS AUTRES, DE ME REGARDER AVEC CES AIRS D'AHURIS?

UNE DÉLÉGATION NORD-AMÉRICAINE EST PARTIE EN U.R.S.S.

COMMENT PEUVENT-ILS ALLER VOIR CES RUSSES QUI SONT TOUS COMMUNISTES?

DU CALME! SI ÇA TE RAPPORTAIT, JE TE VOIS DÉJÀ OUVRIR À MOSCOU UNE SUCCURSALE DU MAGASIN DE TON PÈRE!

A MOSCOU! JE NE TE FRAPPE PAS PARCE QUE TU ES UNE FEMME!

SAVESKY KHE BOOTIK MANOLOV PRATIKOVITCH RABAISSOF FORMIDABLOVITCH!

PAPA, S'IL-TE-PLAÎT, TU POURRAIS M'EXPLIQUER POURQUOI AU LIEU DE CHANGER LES STRUCTURES, TOUT LE MONDE S'ÉVERTUE À RAFISTOLER LES VIEILLES CARCASSES?

 QUE DOIT FAIRE UNE TORTUE POUR VIVRE ? ÊTRE TORTUE.

 QUE DOIT FAIRE UN CHAT POUR VIVRE? ÊTRE CHAT!

 QUE DOIT FAIRE UN OURS, POUR VIVRE? ÊTRE OURS!

 QUE DOIT FAIRE UN HOMME POUR VIVRE? ÊTRE MAÇON, AVOCAT, TOURNEUR, CAISSIER OU N'IMPORTE QUOI!

 POURQUOI A-T-IL FALLU QUE NOUS, LES HUMAINS, NOUS AYONS À TENIR CE RÔLE IMBÉCILE D'ANIMAL SUPÉRIEUR?

 SGLUB!

 POUAH!

 SGLUB!

 BEURK!

 SGLUB!

 POUAH! J'AI FINI!

 COMME JE T'ÉLÈVE MAL, MAMAN! COMME JE T'ÉLÈVE MAL!

 BONJOUR! JE VIENS JOUER! JE PEUX RESTER JOUER?
BIEN SÛR! ENTRE.

 J'AI UNE DE CES ENVIES DE JOUER! À QUOI PEUT-ON JOUER? TU AS UNE IDÉE?
OUI! JE SAIS.

 À UN JEU DE DICTION... DIS: LES CHAUSSETTES DE L'ARCHIDUCHESSE SONT SÈCHES...

 FAUT PAS ME LA FAIRE À MOI!... LES ARCHIDUCHESSES NE PORTENT PAS DE CHAUSSETTES!

 JE SUIS INQUIET, TU SAIS, SUSANITA

 FIGURE-TOI QU'
AH! NON! MIGUELITO!

 JE SUIS TON AMIE, PAS CELLE DE TES SOUCIS.

 CE N'EST PAS POUR TES PROBLÈMES QUE J'AI DE L'AMITIÉ, C'EST POUR TOI, MIGUELITO!
OH! MERCI, SUSANITA!

 MERCI?

NE SOYEZ JAMAIS COMME DANS QUELQUES ANNÉES! JAMAIS!

PAPA, DE L'AUTRE CÔTÉ DE LA MER, C'EST L'AFRI-QUE, NON?

OUI.

OU BIEN LES GIRAFES SE SONT COUCHÉES TÔT OU BIEN ELLES N'ONT PAS LE COU AUSSI LONG QUE JE LE CRO-YAIS, ALORS!

GUILLE! VIENS!

ON VA CONSTRUIRE UN CHÂTEAU! UN CHÂTEAU OÙ VIVAIT UN ROI! APPORTE-MOI TON SEAU ET TA PELLE!

ZE NE PEUX PAS TE LES APPORTER POUR TES BÊTISES, ZE CONSTRUIS UN GRAND Z'ENSEMBLE!

MAMAN, CETTE PLAGE, C'EST AUSSI NOTRE PATRIE ?

ET COMMENT ! POURQUOI TU ME DEMANDES ÇA ?

ON DIRAIT QU'IL Y A DES GENS QUI CROIENT QUE LA SEULE CHOSE QU'ON DOIVE MAINTENIR PROPRE DANS LA PATRIE, C'EST SON PASSÉ HISTORIQUE.

C'EST DRÔLE ! QUOI QU'ON FASSE POUR LE RETENIR, LE SABLE VOUS ÉCHAPPE DE LA MAIN.

RIEN A' FAIRE. IL S'EN VA ! IL GLISSE

RIEN ! QUELQUES MALHEUREUX PETITS GRAINS !

CESSE DE FAIRE L'ALLÉGORIE DE MON SALAIRE !

JE SUIS CONTENT QUE TU SOIS REVENUE. JE PENSAIS QUE TU RESTERAIS PLUS LONGTEMPS EN VACANCES.

NOUS AUSSI. MAIS ON N'AVAIT PAS ASSEZ D'ARGENT.

L'ARGENT !

L'ARGENT ! TOUJOURS LE SALE ARGENT !

MAIS QUAND VOUS EN AVIEZ, VOUS N'AVEZ JAMAIS EU L'IDÉE DE METTRE EN DOUTE SON HYGIÈNE !

INGRATE !

ALORS ? CES VACANCES CHEZ TA GRAND-MÈRE, LIBERTÉ ?

J'AI VU DON BASILIO QUI TRAIT LES VACHES, LE MATIN.

TOUS LES MATINS, QU'IL PLEUVE OU QU'IL VENTE, DON BASILIO S'ASSEOIT A' CÔTÉ DE LA VACHE SUR SON PETIT BANC ET

CHIÍÍÍÍÍF CHIÍÍÍÍÍÍF CHIÍÍÍÍF CHIÍÍÍÍÍIF

IL LA TRAIT.

BON, MAIS A' PART DON BASILIO ET LA VACHE, C'ÉTAIT BIEN POUR TOI ?

POUR MOI ? JE NE SAIS PAS ENCORE SI LA DÉCOUVERTE QU'IL Y A DES DESTINS CHIÍÍÍÍF CHIÍÍÍÍF COMME CELUI DE DON BASILIO A ÉTÉ MAGNIFIQUE OU TERRIBLE.

C'EST CHAQUE JOUR PLUS CHER! ON NE PEUT PLUS VIVRE COMME ÇA!

AVEC UN SALAIRE, ON NE PEUT DÉJÀ PLUS SE NOURRIR! ET ILS VOUDRAIENT QU'IL N'Y AIT PLUS DE VOLEURS! UN OUVRIER NE PEUT PLUS NOURRIR SES ENFANTS AVEC CE QU'IL GAGNE!

ALORS ILS SE METTENT EN GRÈVE, ON LEUR DONNE UNE AUGMENTATION MINABLE ET ON PARLE DES COÛTS DE PRODUCTION ET DE JE NE SAIS QUOI... ET TOUT AUGMENTE ET...,

EST-CE QU'IL RESTE ENCORE DU RAGOÛT SOCIOLOGIQUE, S'IL-VOUS-PLAÎT?

COMMENT C'ÉTAIT DÉJÀ?

SEXY, LE PETIT FOURGON!

BONZOUR! VOUS DÉSIREZ?

BONJOUR. JE VOUDRAIS PARLER À UNE GRANDE PERSONNE.

TOUT DE SUITE.

BONZOUR. VOUS DÉSIREZ?

16

Panneau 1: ...'A UN TY-E... FAL-DA.

Panneau 2: BONJOUR, MA PE-TITE. TA MAMAN EST LÀ? — ÇA DÉPEND. LAQUEL-LE?

Panneau 3: COMMENT LA-QUELLE? TU EN AS COMBIEN? — OH!

Panneau 4: UNE QUE J'AIME DE TOUT MON COEUR... UNE QUI ME POURSUIT AVEC SA SOU-PE... UNE QUI ME PROTÈGE... UNE QUI CRIE APRÈS MOI... UNE QUI EST HEUREUSE À SON FOYER... UNE QUI EST L'ESCLA-VE DE LA MAISON... UNE QUI...

Panneau 5: QUI C'ÉTAIT, MAFALDA? — BOF!

Panneau 6: UN VENDEUR QUI AVAIT GOBÉ CET-TE HISTOIRE DE "ON N'A QU'UNE MÈRE".

Panneau 1: CARNET MONDAIN

Panneau 3: C'EST COMME LES FEUIL-LETONS À LA TÉLÉ!

Panneau 4: UN JOUR, IL SE MARIE, LE LENDE-MAIN, IL FAIT UNE RÉCEPTION, UN AUTRE JOUR, IL PART EN VOYAGE... MAIS C'EST TOUJOURS LE MÊME QUI JOUE.

Panneau 2: Y EN A-T-IL UN QUI S'AP-PELLE MIGUELITO?

Panneau 4: CES BESTIOLES DOI-VENT AVOIR DES NOMS HORRIBLES.

Panneau 1: SI MAFALDA VA EN CLASSE, ZE VEUX N'Y ALLER AUSSI!

Panneau 2: PLUS TARD, GUILLE! TU ES ENCORE TROP PETIT!

Panneau 3: ZE VEUX N'Y ALLER, NA! — POURQUOI ZE POURRAIS PAS?

Panneau 4: TU ES BIEN TROP PETIT. ILS NE TE LAIS-SERAIENT PAS RENTRER.

Panneau 5: TROP PETIT?

Panneau 6: DEPUIS QUE ZE SUIS NÉ, ZE FAIS QUE GRANDIR! QU'EST-CE QUE VOUS VOULEZ DE PLUS?

17

A CHAQUE RENTRÉE DES CLASSES, JE SENS LA MÊME ANGOISSE, ICI.

SI J'ALLAIS VOIR UN PSYCHANALYSTE?

UN PSYCHANALYSTE POURRAIT PEUT-ÊTRE ME DÉLIVRER DE L'ANGOISSE DE LA RENTRÉE DES CLASSES?

UN PSYCHANALYSTE POURRAIT PEUT-ÊTRE FAIRE QUE MOI, FELIPE, J'AILLE À L'ÉCOLE LE COEUR LÉGER?

UN PSYCHANALYSTE RÉUSSIRAIT VRAIMENT À ME TRANSFORMER EN UN ÊTRE AUSSI RÉPUGNANT?

SMACK!

?

C'EST POURQUOI CE BAISER?

PARCE QUE... PAUVRE PAPA!

C'EST LA RENTRÉE DES CLASSES...TU AS PENSÉ QUE TU AURAIS DES CAHIERS, DES LIVRES, DES CRAYONS ET DES TAS DE TRUCS À M'ACHETER?

BIEN SÛR, MA CHÉRIE! NE T'EN FAIS DONC PAS POUR ÇA!

SMACK!

VOYONS, LIBERTÉ! CECI EST UN TRIANGLE ...UN TRIANGLE...?

COMME IL FAUT!

NON! REGARDE-LE BIEN! SI CE CÔTÉ, CE CÔTÉ ET CE CÔTÉ ONT LA MÊME LONGUEUR, C'EST UN TRIANGLE...?

CONFORMISTE!

NON! "UN TRIANGLE DONT LES CÔTÉS SONT ÉGAUX EST UN TRIANGLE...

AH! SOCIALISTE!

UNE VIEILLE GODASSE! ON VOIT TOUJOURS DES VIEUX SOULIERS DANS LES CANIVEAUX, ET JAMAIS DES CHEMISES, DES CRAVATES OU DES CHAPEAUX?

JE NE SAIS PAS! PEUT-ÊTRE PARCE QUE LES CHAUSSURES VONT À RAS DU SOL, ALORS C'EST LOGIQUE QU'ELLE FINISSENT PAR TERRE.

LA MORALE AUSSI... ET IL N'Y EN A JAMAIS DANS LES CANIVEAUX.

JE DONNE MA LAN-GUE AU CHAT! DE QUEL SEXE ES-TU?

PAPA, LE MONDE...C'EST-A'-DIRE LA TERRE...

DE QUEL SEXE EST-ELLE?

COMMENT, DE QUEL SEXE?

MAIS MAFALDA! COMMENT VEUX-TU QUE LE MONDE AIT UN SEXE?

LE PAUVRE! IL N'EN A PAS LOUPÉ UNE, HEIN? PAS UNE!

CALOMNIE!

MAMAN! JUSQU'A' QUEL ÂGE IL FAUT QUE JE T'OBÉISSE?

JUSQU'A' CE QUE TU AIES LA MATURITÉ ET LE SENS DE LA RESPONSABILITÉ SUFFISANTS POUR SAVOIR TE PRENDRE EN CHARGE DANS L'EXISTENCE.

MON DIEU! ÇA FAIT TRÈS MAL, TOUT ÇA?

JE T'AI DÉJÀ DIT QUE MON MARI SERAIT DIRECTEUR DANS UNE GROSSE ENTREPRISE?

OUI, TU ME L'AS DÉJÀ DIT.

ET QUE NOUS VIVRIONS HEUREUX DANS UN JOLI PAVILLON...

...DE BANLIEUE, OUI. ÇA AUSSI, TU ME L'AS DÉJÀ DIT PLUSIEURS FOIS!

MAIS TU NE SAIS RIEN DES OEILLADES ENFLAMMÉES QUE MON BEAU-FRÉRE COMMENCE À ME LANCER, PARCE QUE, ÇA, PAR PUDEUR, JE NE L'AI JAMAIS RACONTÉ À PERSONNE?

PSST! MAFALDA! TU DORS?

MMM! GUILLE! QU'EST-CE QUE TU VEUX?

TE DIRE QUE... QUE TU.. TU PARS À L'ÉCOLE TOUS LES MATINS

ET ALORS?..

ET... QU'EST-CE QUE ZE FAIS AVEC LE GRAND TROU QUE ZE SENS QUAND TU N'ES PAS LÀ?

¡¡BUA'A'A'!! ¡SNIF! ¡UUA'A'AA!.. ¡SNIF!

IL FAUT QUE J'ÉCOUTE, SANS PERDRE LE FIL, CE QU'EXPLIQUE LA MAÎTRESSE.

JE DOIS ÊTRE ATTENTIF À NE PAS ÊTRE DISTRAIT...

ET CONCENTRER MON ATTENTION POUR NE PAS ÊTRE DISTRAIT.

...ET...
VOUS AVEZ COMPRIS, LES ENFANTS?

OUI, MADEMOISELLE

MAMAN!

OUI?

A TOUT INDIVIDU QUI, DÉLIBÉRÉMENT, SE RÉVOLTERAIT ET RÉFUSERAIT DE MANGER, BOIRE, ABSORBER, AVALER, ENGLOUTIR CETTE COCHONNERIE, TU LUI DONNERAIS UNE FESSÉE?

¡TUMP!

QU'EST-CE QUI SE PASSE? QUI A FERMÉ LA PORTE À CLEF?

VOUS ÊTES FOUS? A QUOI ÇA RIME DE S'ENFERMER?

QUESTION D'ÉTHIQUE. MAIS TU PEUX RENTRER, NOUS AVONS FINI DE PARLER DES PARENTS.

ENCORE UN QUI CROYAIT QUE LA SEULE CHOSE QU'IL AVAIT DEVANT LUI, C'ÉTAIT SON AVENIR.

PRENEZ VOS CAHIERS DE TEXTES. POUR DEMAIN, NARRATION: "LA VACHE".

ENCORE!

C'EST PAS VRAI! CHAQUE ANNÉE, ON SE FARCIT UN DEVOIR SUR LA VACHE! ON DIRAIT QU'IL N'Y A PAS D'AUTRE SUJET! LA VACHE! ET ENCORE LA VACHE!

"LA VACHE PRODUIT DU LAIT"

ET LA COLÈRE DES PAYSANS!

S'IL-TE-PLAÎT, MANOLITO... TU REMONTES MON ZAUTOBUS?

CRIIIIC — CRIIIIC
CRIIIIC — CRIIIIC
CRIIIIC — CRIIIIC
CRIIIIC — CRIIIIC
¡CRACK!

OH! REGARDE LA JOLIE TOUPIE, GUILLE! ELLE TOURNE VITE!

SI TON FRÈRE N'APPREND PAS À APPRÉCIER LE PRIX DES PETITS GAINS DES GRANDES PERTES, IL VA BEAUCOUP SOUFFRIR DANS SA VIE, TU SAIS?

LA DONNA É MŌBILEEEEE TARAIRA AL VENTOOOO

LARÍ-LA CHENTOOO E DI PENSIER'

PARÍ-PA MÓVILEEE QUAL PIUMA AL VENTOO TARÍ D'ACHENTOOO LA-RÍ PENSIEEER'

TARIIIIIIÍ-TARIIIIIIÍ E DI PENSIER' TARIIIIÍ-TARIIIIÍ E DI PENSIER'

"PENSE AUX AUTRES AVANT DE PENSER A' TOI-MÊME".

PENSER AVANT, D'AC-CORD. MAIS COMBIEN DE TEMPS AVANT? IL FAU-DRAIT SAVOIR!

JE PENSE UNE DEMI-HEURE AUX AU-TRES ET APRÈS UNE SEMAINE A' MOI-MÊME?

OU CINQ MINUTES AUX AUTRES ET APRÈS SIX MOIS A' MOI-MÊME?

UNE SECONDE AUX AUTRES ET PUIS VINGT ANS A' MOI- ME...

ÇA A ÉTÉ EN CLASSE AUJOURD'HUI, MANOLITO?

PAS MAL, JE CROIS.

A PROPOS, AMÉRI-QUE, ÇA S'ÉCRIT SANS H?

EVIDEMMENT! QUELLE QUES-TION?

BON ALORS, ÇA VA?

TU SAVAIS QUE MON PÈRE EST SOCIALISTE? CE SERAIT CHOUETTE SI TON PÈRE ÉTAIT DU MÊME PARTI!

PAPA! LIBERTÉ VOUDRAIT SAVOIR A' QUEL PARTI POLITIQUE TU AP-PARTIENS?

MOI? UN PARTI POLI-TIQUE! LA BONNE BLAGUE!

EVIDEMMENT, CELUI-LA' EST BEAUCOUP PLUS CON-NU QUE CELUI DE MON PÈRE!

ENCORE UNE QUI FAIT DE LA SOUPOPHOBIE, T'AS VU?

TU IMAGINES, SI ON SE MARIE ET QU'APRÈS ON RENCONTRE UN TYPE QUI NOUS PLAI-SE MIEUX! QU'EST-CE QU'IL FAUT FAIRE? UN ÉCHANGE-STANDARD OU QUOI?

J'EN SAIS RIEN, SUSANITA!

APRÈS TOUT, ON EST DANS UNE SOCIÉTÉ DE CONSOMMATION, NON?

DÉMOCRATIE (du grec demos, peuple et kratos, autorité): SYSTÈME DE GOUVERNE-MENT OÙ C'EST LE PEUPLE QUI EXERCE LA SOUVERAINETÉ.

BONJOUR! ET VOICI LE NOUVEAU MIGUELITO!

J'EN AVAIS ASSEZ D'ÊTRE COMME J'ÉTAIS! ALORS JE ME SUIS FAIT UN COUP D'ÉTAT ET J'AI RENVERSÉ MON EX-PERSONNALITÉ!

DIS TOUT-DE-SUITE CE QU'ON AURA A SUPPORTER MAIN-TENANT!

JE VIENS TE PRÉVENIR QUE JE SUIS LE "NOUVEAU MIGUELITO", SUSANITA.

LE NOUVEAU MIGUELITO? QU'EST-CE QUE TU AS DE NOUVEAU?

ÇA: QUE JE SUIS LE "NOUVEAU MIGUELITO"!

EXCUSE-MOI. JE NE VOIS PAS LA DIFFÉRENCE.

C'EST QUE JE VIENS SEULEMENT DE ME PRENDRE EN MAINS, TU SAIS!

DIS-MOI LA VÉRITÉ. ÇA NE ME VA PAS TRÈS BIEN, LE MANOLO-LOOK?

SUSANA CLOTILDE CHIRUSI, ACCEPTEZ-VOUS POUR ÉPOUX MONSIEUR ...

...MONSIEUR QUI?!!

BONJOUR, MIGUELITO. OÙ EN EST TA TRANSFORMATION EN "NOUVEAU MIGUELITO"?

PAS FACILE! IL Y A DES SECTEURS OÙ LA RÉSISTANCE AU CHANGEMENT EST DIFFICILE À VAINCRE!

L'UN D'EUX AFFIRME QUE SI JE NE VAIS PAS ACHETER LE PAIN COMME D'HABITUDE, JE NE REGARDERAI PAS LA TÉLÉ. TU M'ACCOMPAGNES CHEZ LE BOULANGER?

| IMAGINE-TOI QUE MIGUELITO S'EST FOURRÉ DANS LA TÊTE QU'IL EST LE "NOUVEAU MIGUELITO." QU'EST-CE QUE TU EN DIS? | C'EST GÉNIAL! NOUS VIVONS DANS UN MONDE DE CHANGEMENT CONSTANT. TU IMAGINES UNE EXISTENCE SANS CHANGEMENT? | TIENS! JE TE RAPPORTE LES TOMATES QUE TU M'AS VENDUES CE MATIN!! | JE VOUS LES CHANGE CONTRE CELLES-CI. ELLES SONT ARRIVÉES CE MATIN. | | CE SERAIT GÉNIAL, MON VIEUX! |

| QU'EST-CE QU'ELLES T'ONT FAIT LES POULES? RIEN!! | DE QUOI ELLES SONT COUPABLES, LES POULES? DE RIEN!! | TU AS LES MAINS TACHÉES D'UN BOUILLON INNOCENT, MAMAN! |

| CE N'EST PAS MOI QUI SUIS PESSIMISTE, FELIPE, CE SONT LES GENS. TU ENTENDS PARTOUT QUE LES INSTITUTIONS SONT EN CRISE, QUE L'ÉCONOMIE EST EN CRISE, QUE LA JEUNESSE EST EN CRISE... | LA MORALE EST EN CRISE, LE MONDE EST EN CRISE, L'ÉGLISE EST EN CRISE, LES VALEURS SONT EN CRISE, LE LOGEMENT EST EN CRISE, LE FOOTBALL EST EN CRISE, LE CINÉMA EST EN CRISE... | | LA TÉLÉVISION EST EN CRISE, LA POLITIQUE EST EN CRISE, L'ÉDUCATION EST EN CRISE |

| UN JOURNALISTE ANGLAIS A ÉTÉ EXPULSÉ DE BULGARIE | LA POLICE A DISPERSÉ UNE MANIFESTATION ÉTUDIANTE À ROME | L'U.R.S.S. A REFUSÉ UNE PROPOSITION DU PAIX DES U.S.A. | | ET BEN QUOI? C'EST DÉFENDU DE DANSER LE BULLETIN D'INFORMATIONS? |

PSTT.! BONZOUR MADMUAZELLE!

TU AS VU? J'AI EU DU MAL. MAIS J'AI APPRIS À DIRE BONJOUR EN FRAN-ÇAIS.

TOUTES MES FÉLICITATIONS.

TU SAIS, PLUS UNE CHOSE EST DIFFICI-LE, PLUS JE M'ENTÊ-TE À L'APPRENDRE BIEN!

BONZOUR MADMUAZELLE!

♪ MAFADITA! ♪

LA BARBE! C'EST TOUS LES JOURS LA MÊME CHOSE. DONNE!

COUP D'ÉTAT AU CHILI!... FILM DE PA-SOLINI...TIERCÉ À LONGCHAMP...CHUTE DU DOLLAR... RÉCOLTE DE BLÉ...

NON?

NON!

LA VIE EST BELLE!

JE TE L'AI DIT CENT FOIS: LE JOURNAL NE SIGNALERA PAS L'AUG-MENTATION DU PRIX DES TÉTINES!

JAUREGUI!

PRÉSENT!

LICASTRO!

PRÉSENT!

NARDONE!

PRÉSENT!

PITTI!

C L A P   C L A P   C L A P   C L A P   C L A P

CHUIIIP CHUIIIP CHUIIIP CHUIIIP

CHUIIIP CHUIIIP CHUIIIP

TU PARLES! C'EST SÛREMENT UNE TÉTINE D'IMPORTATION!

 BONJOUR! C'EST SUSANITA!

NON!

 ON FAIT CONNAISSANCE, MON JOLI!

ENCORE MOINS!

  TOI QUI SAIS TOUT, COMMENT FAIT-ON POUR FAIRE IRRUPTION DANS LA VIE D'UN HOMME?

 MAMAN, QUAND TU ÉTAIS PETITE, TU AVAIS DES AMIS COMME MOI J'AI FELIPE, SUSANITA, MANOLITO, MIGUELITO ET LIBERTÉ?

OUI, BIEN SÛR.

 ET ALORS? TU T'ES DISPUTÉE AVEC EUX? POURQUOI TU NE LES VOIS PLUS?

 NON, MAIS LA VIE NOUS A EMMENÉS SUR DES CHEMINS DIFFÉRENTS.

AH

 ET POUR QUI ELLE SE PREND LA VIE POUR MALTRAITER LES GENS COMME ÇA?

 QUEL EST LE SOMMET LE PLUS ÉLEVÉ D'AMÉRIQUE?

ON A FAIT UN REPORTAGE SUR LUI DANS UNE REVUE, AVEC DES PHOTOS.

 ET COMMENT IL S'APPELLE?

JE NE RAPPELLE PLUS. MAIS ÇA NE FAIT RIEN.

 COMMENT, ÇA NE FAIT RIEN?

NON, J'AI LA REVUE À LA MAISON. DEMAIN JE L'APPORTE ET ON REGARDERA ENSEMBLE, D'ACCORD?

 PAS DU TOUT. POUR DEMAIN TU ME FERAS LE PLAISIR D'APPRENDRE TA LEÇON CORRECTEMENT! VA T'ASSEOIR!

 VOUS DEVEZ ÊTRE UNE FEMME BIEN SEULE, MADEMOISELLE, BIEN SEULE!

 SI LA MAÎTRESSE NE RISQUAIT PAS DE SE FÂCHER, J'ÉCRIRAIS UN DEVOIR RIEN QU'EN QUESTIONS.

 NOUS AIMONS NOTRE PAYS PARCE QUE NOUS Y NAISSONS?

 LES TURCS AIMENT-ILS LA TURQUIE PARCE QU'ILS Y SONT NÉS?

 LES SUÉDOIS AIMENT-ILS LA SUÈDE PARCE QU'ILS Y SONT NÉS?

 LES JAVANAIS AIMENT-ILS JAVA PARCE QU'ILS Y SONT NÉS?

 JE L'APPELLERAIS "PATRIOTISME ET OPPORTUNISME"!

27

QU'EST-CE QUI T'ARRIVE, MANOLITO?

LE POLI-VALENT NOUS EST TOMBÉ DESSUS, AUJOURD'HUI!

ET ALORS?

IL A FALLU TOUT LUI MONTRER! LES CARNETS DE CAISSE! LES REÇUS, LES FACTURES, ABSOLUMENT TOUT!

IL A MÊME DEMANDÉ À VOIR LE CARNET DE CHÈQUES, CE VOYEUR!

MAFALDA, IL FAUT RENTRER LA TORTUE ET ELLE N'EST NULLE PART!

TU AS CHERCHÉ ICI DANS NOTRE CHAMBRE?

OUI.

DANS LE LIVING?

OUI.

DANS LA SALLE DE BAINS?

OUI.

DANS LA CUISINE?

OUI.

ET DANS LE DÉBARRAS?

NON, Z'AI OUBLIÉ.

PARDON...

CHUÍÍÍÍP CHUÍÍÍÍP CHUÍÍÍÍP CHUÍÍÍÍP CHUÍÍÍÍP

CHUÍÍÍÍP CHUÍÍÍÍP CHUÍÍÍP CHUÍÍP

CHUÍÍÍÍP CHUÍÍÍÍP

BRIGITTE BARDOT.

CHUÍÍÍÍP CHUÍÍÍÍP CHUÍÍÍÍP CHUÍÍP

ATTENTION, FELIPE VA TE LA PRENDRE... QUEL CRÉTIN MIGUELITO!

BIEN, MAFALD... NON! PAS PAR-LÀ! DANS LE TROU, IDIOTE! DANS LE TR... JE TE L'AVAIS DIT, **IDIOTE!**

QU'EST-CE QUE VOUS FAITES, MAINTENANT, EMPOTÉS? ARRÊTEZ CETTE BRUTE DE MANOLITO! MAIS ARRÊTEZ-LE!!

BUUTT!!!

ET BIEN QUOI? UN BUT, ÇA FAIT PARTIE DU FOOTBALL, NON? OU ÇA N'EST PLUS DU SPORT, PEUT-ÊTRE?

TA MÈRE EST LÀ?

ELLE N'EST PAS QU'À MOI. JE L'AI EN COPROPRIÉTÉ AVEC CET IRRESPONSABLE.

LES NORD-AMÉRICAINS N'ONT PAS LE DROIT DE FAIRE UNE CHOSE PAREILLE.

QUELLE CHOSE, SUSANITA?

FAIRE AMI-AMI AVEC LES CHINOIS, PARDI! ON NE DISAIT PAS QU'IL FALLAIT SE MÉFIER DES CHINOIS?

C'ÉTAIT LE "PÉRIL JAUNE" PAR-CI, "LE PÉRIL JAUNE" PAR-LÀ...

POUR QUI ILS SE PREN-NENT LES NORD-AMÉ-RICAINS À JETER AUX ORDURES NOS PEURS ANCESTRALES?

MON DIEU! QUEL SPECTACLE!

SCHUIPITI SCHUIPITI SCHUIPITI SCHUIPITI SCHUIPITI

ALLEZ! VAS-Y! ON DIRAIT QUE TU ES PRÊT À SUCER TA TÉTINE TOUTE TA VIE, HEIN?

POURQUOI? QU'EST-CE QU'ON ME DONNERA À LA PLACE?

IL A L'AIR VACHEMENT BIEN, TON PÈRE, MAFALDA! QU'EST-CE QUI LUI EST ARRIVÉ?

IL A EU UNE AUGMENTA-TION...

AU TRAIN OÙ VONT LES CHOSES, ON VA VOIR COM-BIEN DE TEMPS LUI DURE LE MAQUILLAGE...

MON PÈRE DIT QUE LES HOMMES SONT COMME ÇA: TOUS ÉGAUX, MAIS CEUX D'EN BAS DOIVENT SUPPORTER CEUX D'EN HAUT.

IL DIT AUSSI QUE LE MONDE CHANGERA ET QUE LES HOMMES SERONT COMME ÇA: TOUS ÉGAUX, SANS PERSONNE PAR-DESSUS.

IL FAUT DIRE QUE MON PÈRE, AU PARLER, IL NE CRAINT PERSONNE.

LA MEILLEURE FAÇON DE VIVRE, C'EST DE DONNER L'IMPORTANCE À TOUT CE QU'ON FAIT.

ET D'AFFRONTER TOUTES LES TÂCHES, GRANDES OU PETITES, COMME SI L'ON S'APPRÊTAIT À GAGNER UNE BATAILLE.

MA MÈRE M'ENVOIE CHERCHER DU PAIN? ET BIEN J'Y VAIS COMME SI J'ALLAIS VERS LE PLUS GRAND SUCCÈS DE MON EXISTENCE!

ZUT! J'AI OUBLIÉ L'ARGENT À LA MAISON!

EH OUI! JE SAIS BIEN! L'INFLATION TOUJOURS L'INFLATION! ON FINIT PAR Y PRENDRE GOÛT, QU'EST-CE QUE TU VEUX!

TIENS, TA LAITUE!

PAUVRE BÊTE! TOUT CE QU'ELLE CONNAÎT DU MON-DE, C'EST CETTE MAISON.

ELLE NE SAIT PAS QUE LA MAI-SON EST DANS UNE VILLE, LA VILLE DANS UN PAYS...

LE PAYS, DANS LE MONDE; LE MONDE DANS L'UNIVERS...

L'UNIVERS DANS...

....

Il nous faut à nouveau affronter une conjoncture hivernale

L'hiver est une étape où se rejoignent l'augmentation du froid, l'accélération de la chute des feuilles et...

NON, LE LANGAGE OF-FICIEL NE VAUT RIEN NON PLUS POUR LES NARRATIONS.

TU TE RENDS COMPTE? ALLER À LONDRES, À PARIS, À NEW-YORK!...

ET PUIS: "VEUILLEZ ATTAC-CHER VOS CEINTU-RES"

S'ENVOLER! POUR UN OUI, POUR UN NON, S'ENVOLER!

MOI AUSSI, J'AIMERAIS BIEN ÊTRE HÔTESSE DE L'AIR.

HÔTESSE DE L'AIR? NOUS PARLONS DE MINISTRES DES FINAN-CES, SUSANITA.

MONTRE-MOI OÙ EST LE DÉTROIT DE MAGELLAN.

PAR CE FROID? JAMAIS DE LA VIE!

JE SUIS TA MAÎ-TRESSE! TU ME DOIS LE RESPECT!

JE SAIS. COMME À UNE MÈRE! MAIS L'AUTRE NON PLUS NE SAIT PAS S'Y PRENDRE!

 BONJOUR, MANOLITO! TU N'AS PAS L'AIR EN FORME!

 Mr. Goreiro : votre fils ne fait pas ses devoirs, il les commet.

 QU'EST-CE QUE TU FAIS AVEC LE TÉLÉPHONE, GUILLE? ZE SUIS LE CORDOBÈS!

 LE CORDOBÈS! OÙ EST LE TAUREAU?

 IL PARAÎT QUE LES PROFS SONT TOUJOURS À MOITIÉ EN GRÈVE, NON? OUI.

 DIS DONC, SI AU LIEU DE FAIRE LA GRÈVE, ILS SE METTAIENT À FAIRE DU SABOTAGE ET À NOUS APPRENDRE TOUT DE TRAVERS? COMMENT ÇA, DE TRAVERS?

 ON RECONNAÎT LES ADVERBES À LEUR HYPOTÉNUSE LANCÉOLÉE, DE L'ORDRE DES VERTÉBRÉS.

 TU VERRAS QU'UN DE CES QUATRE, JE ME PAYE UN ZÉRO PARCE QUE JE NE LE SAURAI PAS.

 TU PARLES D'UN VENT, TOUT D'UN COUP!

 MOI QUI CROYAIS QUE C'ÉTAIT LE PAYS QUI S'ÉTAIT ENFIN MIS EN MARCHE!

BON, JE VAIS FAIRE MES DEVOIRS! OUI, MADAME! CIAO!

CIAO, FELIPE!

UN TEL ESPRIT DE DÉCISION, SUBITEMENT! C'EST INQUIÉTANT! JE NE PEUX PAS Y ALLER SANS ARMES!

"FAIS CECI, FAIS CELA, VIENS ICI, DIS-MOI TAIS-TOI"... VOUS, LES GRANDES PERSONNES, VOUS ÊTES TOUS LES MÊMES!

VOUS VOUS SENTEZ SUPÉRIEURS PARCE QUE VOUS ÊTES GRANDS!

VOUS CROYEZ PEUT-ÊTRE QUE C'EST GRÂCE A VOTRE MÉRITE QUE VOUS ÊTES GRANDS?

CE NE SERAIT PAS PLUTÔT PARCE QUE VOTRE CORPS A GRANDI TOUT SEUL, NON?

VOUS ÊTES PEUT-ÊTRE GRANDS PARCE QUE VOUS NE POUVEZ PAS FAIRE AUTREMENT?

EH OUI! C'EST BIEN ÇA! TRISTE DESTIN!

MA CRAVATE A POIS? QU'EST-CE QU'ELLE FAIT LA'?

C'EST INCROYABLE, ÇA!

TU N'AS PAS VU LE SERPENT QUI ÉTAIT LA'?

MA MAÎTRESSE S'EST FOURRÉE DANS LA TÊTE QUE QUAND ELLE PARLE, MOI JE PENSE A AUTRE CHOSE.

TA MAÎTRESSE DOIT ÊTRE DE CES GENS QUI CROIENT QU'ON DOIT TOUT ENREGISTRER COMME UN MAGNÉTOPHONE!

ET EN RÉALITÉ, TOI TU NE DOIS RETENIR QUE LE CONCEPT DE CE QUE TU ENTENDS.

AU LIEU DE MOTS INUTILES, TU VAS AU COEUR DE LA QUESTION; C'EST ÇA? NON?

KASHUBUKI!

JE NE ME SOUVENAIS PAS DE LA MARQUE! C'EST UN MAGNÉTOPHONE KASHUBUKI QU'IL A MON ONCLE! IL EST FORMIDABLE! IL A

34

RIEN A' FAIRE, LE RACISME EST UNE CHOSE QUE JE NE PEUX PAS COMPRENDRE! ÇA ME PARAÎT INCONCEVABLE!

JE TROUVE MONSTRUEUX DE CONSIDÉRER QU'IL Y A DES ÊTRES HUMAINS QUI SONT INFÉRIEURS, SIMPLEMENT PARCE QU'ILS NE SONT PAS COMME NOUS.

ILS ONT DÉJA' CE HANDICAP! ET EN PLUS ON LES MÉPRISERAIT? IL FAUT ÊTRE CHARITABLE, TU NE TROUVES PAS?

VOUS AVEZ RENONCÉ A' ASSUMER VOS FONCTIONS DE FEUILLE A' CAUSE DU CLIMAT HIVERNAL QUE SUBIT LE PAYS?

MAFALDA, TU ME PRÊTES TES CRAYONS DE COULEUR!

TU SAIS OU' ILS SONT?

ÉVIDEMMENT, IMBÉCILE! MAIS C'EST TROP HAUT! POURQUOI TU CROIS QUE ZE TE LES DEMANDE?

IL EST GONFLÉ! ET TU VAS LES LUI PRÊTER?

JE N'AI PAS LE CHOIX! JE LES METS LA'-HAUT POUR QU'IL NE ME LES PRENNE PAS, TU COMPRENDS?

MOI, AU PREMIER RANG? OUI, MADEMOISELLE.

JULES CÉSAR A ÉTÉ ASSASSINÉ EN 44 A.C. PAR ??...

AH! NON! J'AI PEUT-ÊTRE UN MAUVAIS Q.I., MAIS JE NE SUIS PAS UN MOUCHARD!

35

NI HONNÊTETÉ CIVIQUE, NI RIEN...

IL N'Y A PLUS D'HOMMES DON JOAQUIM! PLUS UN SEUL!

AH! NON! ET MON PÈRE? C'EST UN SAXOPHONE, PEUT-ÊTRE?

A TON ÂGE, NOUS RESPECTIONS LES ANCIENS, NOUS!

ET QUAND ILS PARLAIENT, ON SE TAISAIT!

PSSTT! CE N'EST PAS PARCE QUE VOUS N'AVIEZ RIEN À DIRE?

PAPA! C'EST VRAI QU'AVANT, QUAND LES GRANDES PERSONNES PARLAIENT, LES ENFANTS DEVAIENT SE TAIRE?

C'EST VRAI.

MON DIEU! ET TU AS VÉCU À UNE ÉPOQUE AUSSI HORRIBLE?

EH, OUI!

PAUVRE PAPA! TU AS DÛ RAVALER TOUTES TES RÉPONSES! ET GARDER POUR TOI TES OPINIONS!

CE N'ÉTAIT PAS SI GRAVE!

ANDRÉ CLAVEAU! ANDRÉ CLAVEAU! QU'EST-CE QU'IL A DE PLUS QUE BING CROSBY, HEIN?

BONJOUR! QUEL MONDE AVONS-NOUS AUJOURD'HUI? LE PREMIER, LE SECOND. LE TROISIÈME?

NON. ATTENDEZ!

VOUS ALLEZ JETER UN COUP D'OEIL ET S'IL Y A DE LA LIBERTÉ, DE LA JUSTICE ET TOUT ÇA, VOUS ME RÉVEILLEZ! JE PRENDRAI LE MONDE QUI SE PRÉSENTERA, D'ACCORD?

COMMENT PEUT-ON SE CONCENTRER À CE JEU S'IL FAUT CONSTAMMENT PENSER DANS QUELLE CASE IL FAUT METTRE TEL PION, C'EST DINGUE

TOUJOURS MOI, TOUJOURS MOI! ON PEUT ENVOYER QUELQU'UN D'AUTRE AUX COMMISSIONS!

OUI, JE SAIS...

"ALLEZ, VAS-Y, TOI QUI ES PETIT... ÇA NE TE COÛTE RIEN!"

"PETIT"! J'AI SIX ANS! MAIS JE VAIS VOUS DIRE QUELQUE CHOSE!

C'EST LA DERNIÈRE FOIS DANS MA VIE QUE JE FAIS LA BÊTISE D'AVOIR CET ÂGE!

LE LAIT... HI HI HI!!! A ENCORE HI HI HI... AUG... HI HI HI... AUGMENTÉ AH AH AH! C'EST LA MEILLEURE!!!

ET LES FRUITS!!! TU NE DEVINERAS JAMAIS! HA! HA! HA!

ET LES... HO! J'EN PEUX PLUS!!! LES LÉGUMES... OH NON!! HA! HA! HA! HA!

J'AIMAIS ENCORE MIEUX L'ÉPOQUE OÙ ELLE SE FAISAIT DU MAUVAIS SANG...

OÚÚÚÚH!... LE FANTÔME!!!

MON DRAP PROPRE! QU'EST-CE QUE C'EST QUE ÇA? RAPPORTE-MOI ÇA TOUT-DE-SUITE!

LES FANTÔMES, ON N'EN SAIT RIEN; MAIS LES MÈRES GUILLE, LES MÈRES, ÇA EXISTE!

TU VEUX QUELQUE CHOSE, PETIT?

OUI... JE VEUX DIRE, NON. JE N'AI PAS D'ARGENT.

AH! OUI, JE COMPRENDS...

APRÈS TOUT, LA COMPRÉHENSION PRODUIT MOINS DE CARIES QUE LES SUCETTES.

AVEC TOUT CE QU'IL Y A EU AU SIÈCLE DERNIER, C'EST DRÔLE QU'IL N'Y EN AIT PAS MAINTENANT.

PEUT-ÊTRE QUE LES GRANDS HOMMES, ÇA VIENT PAR VAGUES, UN SIÈCLE SUR DEUX?

QU'EST-CE QU'ILS EN DISENT CHEZ TOI DE LA SITUATION?

BOF!

ILS SONT OPTIMISTES, AU MOINS! CHEZ MOI ILS DISENT BEURK!

OUF! RIEN À FAIRE! ZE NE SUIS PLUS CELUI QUE Z'ÉTAIS!

BONJOUR, MAFALDA

BONJOUR, LIBERTÉ!

PETITE COMME LE NIVEAU DE VIE, LA PAUVRE!

38

ZUT, VOILA' SUSANITA !

C'EST PAS VRAI, ENCORE MAFALDA !

ELLE VA ME CASSER LES PIEDS, COMME D'HABITUDE...

JE VAIS ME PAYER LE DISCOURS HABITUEL...

JE SAIS: QUAND LE MONDE TU TE MARIERAS EST POURRI DE TU AURAS BEAUCOUP D'INJUSTICES ENFANTS ! NON ?

A TTABLE !

DE LA SOUPE, NON ? PRIÈRE DE NE PAS FRANCHIR LA FRONTIÈRE IDÉOLOGIQUE !

CETTE FOIS, JE LUI PARLE. JE M'ARRÊTE ET J'Y VAIS.

JE N'AURAI JAMAIS LE COURAGE. ELLE NE SAURA JAMAIS QUE J'EXISTE. JAMAIS JE NE SAURAI RIEN D'ELLE ET PERSONNE NE SAURA JAMAIS A' QUEL POINT JE L'AIME...

BONJOUR, JE PENSAIS JUSTEMENT A' TOI. JE VIENS DE RENCONTRER CETTE IDIOTE DE MURIEL ET JE ME SUIS DIT: "CELLE-LA' ELLE DOIT PLAIRE A' FELIPE !" TU VOIS QUI JE VEUX DIRE ? ON M'A DIT QUE SON PÈRE AVAIT COMMENCÉ SA MÉDECINE, MAIS IL S'EST TELLEMENT FAIT COLLER QU'IL EST DEVENU VISITEUR MÉDICAL ET CETTE PAUVRE PETITE A ÉTÉ NOURRIE A' COUPS D'ÉCHANTILLONS GRATUITS DE VITAMINES ET DE MACHINS COMME ÇA. ET QUAND ELLE A EU DEUX ANS...

UNION BONICRATIQUE ?

ACTION CIVIQUE BONTISTE ?

BONNISME POPULAIRE INDÉPENDANT ?

LA BONTÉ ÇA NE RENTRE PAS DANS LE VOCABULAIRE POLITIQUE.

39

EN RENTRANT, J'AI EU L'IMPRESSION QUE LA VOITURE AVAIT UN BRUIT... UNE ESPÈCE DE *TIKI-TIKI-TIKI*. QU'EST-CE QUE ÇA PEUT BIEN ÊTRE?

TU NE VAS PAS T'INQUIÉTER? TU TE FAIS PEUT-ÊTRE DES IDÉES.

M'INQUIÉTER? NON, BIEN SÛR.

POURQUOI ÇA FAISAIT *TIKI-TIKI-TIKI*...

RON PSCHIT... RONPSCHIT... *TIKI-TIKI-TIKI*?

LE CIEL EST TOUT GRIS!

COMMENT? Y' A PAS DE SOLEIL?

NON.

C'EST PAS VRAI! UN SERVICE PUBLIC!

HALTE LÀ, MIGUELITO!

BANG! ¡BANG!

PRENEZ ÇA, TROUILLARDS, ET DES ACCIDENTS NATURELS, COMME LA CORDIBANG-BANG LLÈRE DES ANDES, LES ALPES EN EUBANG ROPE ETC...

QU'EST-CE QUI VOUS PREND? ON PEUT ÊTRE UN COW-BOY ET AVOIR UNE INTERRO DE GÉO DEMAIN, NON?

JE ME VOIS DÉJÀ, QUAND JE SERAI INGÉNIEUR...

BON, JE VAIS FAIRE CE PROJET DE PONT...

NON, PAS COMME ÇA! PAS QUAND JE SERAI INGÉNIEUR TOUT DE MÊME!

JE SERAI CÉLÈBRE ET TOUT LE MONDE ME COMMANDERA DES BARRAGES, DES ROUTES, DES USINES, DES TUNNELS, DES AQUEDUCS ET...

MON DIEU! ET COMMENT JE RÉUSSIRAI À FAIRE TOUT ÇA?

MAIS JE NE VOIS PAS DU TOUT COMMENT LE GOUVERNEMENT FERA POUR RESTER UN GOUVERNEMENT FORT.

JE VIENS DE VOIR PASSER LES VITAMINES...

"BÉNIS SOIENT LES PAUVRES, LE ROYAUME DES CIEUX LEUR APPARTIENDRA".

TA ROBE EST SUPERBE, SUSANITA.

TU AS VU? MA MÈRE ME L'A TRICOTÉE À LA MACHINE.

TA MÈRE S'EST ACHETÉE UNA MACHINE À TRICOTER?

OUI! UNE MERVEILLE! REGARDE MES CHAUSSETTES!

ELLE M'A FAIT AUSSI UNE VESTE, ET PUIS DEUX ROBES POUR ELLE, UN GILET ET UN PULL POUR MON PÈRE, DES HOUSSES DE COUSSIN POUR LE SALON.

...DES PETITS TAPIS, DES ÉCHARPES ET MÊME UN DESSUS DE LIT. C'EST GÉNIAL, NON?

TA MÈRE N'EN VOUDRAIT PAS UNE? QUASIMENT NEUVE? HEIN? DEMANDE-LUI. RAS-LE-BOL DE LA MACHINE À TRICOTER ET DES TRAITES À PAYER! DEMANDE À TA MÈRE!

¡GUILLE!

VI?

QU'EST-CE QUE ÇA VEUT DIRE?

ÇA? HE BEN...

ZE SAIS PAS, Z'AVAIS PENSÉ L'APPELER "PAYSAGE POP"!

41

RESPECT ET COMPRÉHENSION, C'EST L'ESSENTIEL POUR VIVRE EN SOCIÉTÉ; ET PUIS SURTOUT, NE JAMAIS CROIRE QU'ON EST MEILLEUR QUE LES AUTRES.

PARCE QUE, TU VOIS, IL Y A BEAUCOUP DE GENS QUI PEUVENT NE PAS ME PLAIRE...

... DE MÊME IL EST LOGIQUE DE PENSER QU'IL Y A UN TAS D'IMBÉCILES À QUI JE PEUX NE PAS PLAIRE, NON?

DIS-MOI, PAPA, DANS LES FILMS INTERDITS AUX MOINS DE 18 ANS...

ET BIEN QUOI?

NON, C'EST UN PEU TROP FORT. JE DEMANDERAI À UN COPAIN DE CLASSE.

Des pâtes sans complexes? boutique Don Manolo

"DES PÂTES SANS COMPLEXES" MAINTENANT? DIS-MOI LA VÉRITÉ: ELLES SONT MANGEABLES TES "PÂTES SANS COMPLEXES", OUI OU NON?

ELLES SONT... COMME ÇA!... ELLES SE MOQUENT DU QU'EN DIRA-T-ON!

DIS MAMAN! PAPA ET TOI, VOUS NE VOULEZ PAS NOUS DONNER UN PETIT FRÈRE?

UN PETIT FRÈRE? OH NON! AVEC VOUS DEUX ÇA SUFFIT.

ALORS, DANS CETTE MAISON, PLUS D'EXPLOSION DÉMOGRAPHIQUE?

NON. PLUS D'EXPLOSION DÉMOGRAPHIQUE.

C'EST VRAI QUE POUR LA DYNAMITE, MAINTENANT...

"BONJOUR, MON AMOUR, SMACK! LA JOURNÈE A ÈTÈ BONNE? "TRÈS BON-NE, MON TRÈSOR, SMACK! HM! ÇA SENT BIEN BON A LA CUISINE"

"BONJOUR! QUELLE JOURNÈE HORRIBLE! TU VEUX FINIR DE DONNER A MANGER AUX EN-FANTS, JE N'AI PAS EU LE TEMPS DE PRÈPARER NOTRE REPAS". "D'ACCORD, MAIS DÉPÊ-CHE-TOI! JE SUIS VANNÉ CE SOIR".

"C'EST A CETTE HEURE-LA QUE TU ARRIVES? REGARDE DANS LE FRIGO S'IL Y A DES RESTES. MOI, JE NE TE SERS PAS!" "M'EN FOUS! J'AI DÎNÈ AVANT DE REN-TRER!"

NON! MA VIE CONJUGALE NE BRISERA PAS MA VIE DE FEMME D'INTÉRIEUR!

MOI, CE QUE JE TROUVE INSUP-PORTABLE, C'EST QU'UN PETIT NOMBRE POSSÈDENT BEAUCOUP, QUE BEAUCOUP POSSÈDENT UN PEU ET QUE QUELQUES-UNS NE POSSÈDENT RIEN.

SI CEUX QUI NE POSSÈ-DENT RIEN AVAIENT UN PEU DU PEU QUE BEAU-COUP POSSÈDENT...

ET SI CEUX QUI SONT BEAU-COUP ET QUI POSSÈDENT PEU AVAIENT UN PEU DU BEAUCOUP QUE POSSÈDENT UN PETIT NOMBRE, IL Y AURAIT MOINS DE DIFFI-CULTÉS.

MAIS PERSONNE NE SE DON-NE BEAUCOUP DE MAL POUR TENTER DE RÉSOUDRE UN PROBLÈME AUSSI SIMPLE.

LES VERBES QUI SE TERMINENT EN "ER" SONT-ILS DU PREMIER, DU DEUXIÈME OU DU TROISIÈME GROUPE?

ATTENDEZ VOIR SI J'AI SUR MOI... VOILA!

JE VOUS DONNE MON TÉ-LÉPHONE. HM! 456 89 76 ET VOILA! VOUS POUVEZ M'APPE-LER VERS 4 HEURES, J'AURAI CHERCHÉ LA RÉPONSE. AH! SI PAR HASARD J'ÉTAIS SORTI POUR JOUER, VOUS POURRIEZ ME TROUVER AU 456 25

BONJOUR, MAFALDA... OH! JE SENS UNE ESPÈ-CE DE...

ON APPELLE ÇA... L'ORIENTATION PRO-FESSIONELLE!

À QUEL ÂGE PENSES-TU TE MARIER, LIBERTE ?

MOI, J'AIME MON PÈRE ET MA MÈRE.

JE NE VOIS PAS LE RAPPORT...

QUAND VIENDRA LE MOMENT DE ME COMPLIQUER LA VIE EN CHERCHANT MES AMOURS EN DEHORS DE LA MAISON, ON VERRA. POUR LE MOMENT, J'AIME LES CHOSES SIMPLES.

DRLiiiiNG
DRiiiiNNG

BONJOUR. JE ME SUIS TROMPÉ DE NUMÉRO ?

JE NE SAIS PAS, MONSIEUR. A QUI VOULEZ-VOUS PARLER ?

NON. POURQUOI FAIRE ? JE LE SENS BIEN, JE ME SUIS TROMPÉ DE NUMÉRO...

MAIS QUEL NUMÉRO AVEZ-VOUS DEM

NON, ÇA NE VAUT PAS LA PEINE... C'EST TOUJOURS LA MÊME CHOSE... UNE ERREUR... ÉTERNELLEMENT... UNE ERREUR... ADIEU... TOUJOURS UNE ERREUR. ADIEU. ...CLAK

PEUT-ON METTRE TANT DE ROMANTISME DANS L'USAGE DES SERVICES PUBLICS...

C'EST LE PRINTEMPS, GUILLE !

ZE CROYAIS QU'IL ÉTAIT ARRIVÉ L'AN DERNIER !

ZE NE SAVAIS PAS QU'IL ÉTAIT PARTI !!!

MAIS... ET LE FROID QU'IL A FAIT, LE CIEL GRIS, LES ARBRES SANS FEUILLES... TU NE T'ES PAS RENDU COMPTE QUE LE PRINTEMPS ÉTAIT PARTI ?

NON ! ZE CROYAIS SEULEMENT QU'IL AVAIT FAIT DES MAUVAISES AFFAIRES.

Joyeux printemps maman ! Mafalda

Joyeux printemps maman ! Mafalda

LE PRINTEMPS! COMME SI LE PRINTEMPS ALLAIT AMÉLIORER LA SITUATION!

"LE PRINTEMPS EST LA PLUS JOYEUSE DES SAISONS"... COMME SI ON COMBLAIT LE DÉFICIT AVEC DES SOURIRES!

"LES PLACES ET LES JARDINS SE COUVRENT DE FLEURS"... COMME SI ON ARRÊTAIT L'INFLATION AVEC DES PÂQUERETTES!

"LES HIRONDELLES ARRIVENT DE LOINTAINS PAYS"...

COMME SI ON ÉQUILIBRAIT LA BALANCE DES PAIEMENTS AVEC DES OISEAUX D'IMPORTATION!!

TU M'ÉCOUTES, FELIPE? ECHEC!... ECHEC ET MAT!

HEIN? QUOI? AH OUI! BON! JE DOUBLE LA MISE!

LE GOUVERNEMENT A PLAFONNÉ LES PRIX DES DENRÉES DE PREMIÈRE NÉCESSITÉ.

IL A MIS LE BONS SENS A' COMBIEN?

Doña Pochita doit:
3 coca
1 saucisson
2 paqués de lessive

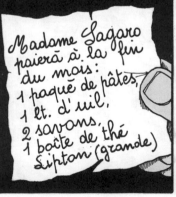

Madame Sagaro paiera à la fin du mois:
1 paqué de pâtes,
1 lt. d'uil,
2 savons,
1 boîte de thé Lipton (grande)

La dame à côté de la pharmacie paiera le 30 du mois:
1 paqué de café (250g)
½ douzaine d'œuf
1 boîte d'Ajax
1 Kg. d'haricots verts

IL Y A DE PLUS EN PLUS DE CLIENTS QUI UTILISENT LA CARTE MANOLO!!

JE N'AI RIEN CONTRE LES PAUVRES!

JE CROIS QU'ILS MÉRITENT AIDE ET COMPRÉHENSION

JE DIRAIS MÊME PLUS!

JE SUIS CONVAINCUE QUE LA MAJORITÉ DES GENS QUI SONT PAUVRES NE LE FONT PAS PAR MÉCHANCETÉ.

A CE ZEU DU ZÉCHECS... LES DEUX PEUVENT GAGNER?

NON! UN SEUL!

POURQUOI IL ZOUE, L'AUTRE, ALORS?

OH! QUEL INSTANT...

AVEC LE RIZ DE LA BOUTIQUE DON MANOLO!

HABILLEZ-VOUS EN VITESSE! J'AI BESOIN TOUT-DE-SUITE D'UN PSYCHANALYSTE DE GARDE, PAS TROP CHER!

FELIIIPEE! IL EST SEPT HEURES ET QUART!

MMOUI! J'Y VAIS! MMHH

ATTENDEZ! ATTENDEZ! C'EST À L'AUTRE BOUT DE LA RUE QU'IL FAUT DÉTRUIRE!

ECOLE PRIMAIRE

C'EST DRÔLE QUE MON IMAGINATION SE RÉVEILLE AVANT MOI...

RIEN. ÇA VA PASSER. MAIS AUJOURD'HUI ON A EU UNE LEÇON SUR LES DROITS DE L'HOMME!

BANG!

TU PERDS TON TEMPS! JE NE MOURRAI PLUS JAMAIS!

TU ES MAUVAIS JOUEUR!

PAS DU TOUT! MAIS J'EN AI MARRE QU'ON ME LIQUIDE ET QUE JE LIQUIDE LES AUTRES, ET QUE ÇA RECOMMENCE SANS ARRÊT!

TU ES MAUVAIS VIVANT!

SNIF SNIF SNIF

SNIF SNIF SNIF

MOI, C'EST QUAND ON ME CONNAÎT DE L'INTÉRIEUR QU'ON M'ESTIME!

ELLE SE LANCE DANS LA POÉSIE, MAINTENANT?

?

ETANT DONNÉE L'EXISTENCE D'AUTRES PLANÈTES, NOUS DÉCLINONS TOUTE RESPONSABILITÉ DES ACCIDENTS QUI POURRAIENT SURVENIR PAR SUITE DE L'UTILISATION DE CELLE-CI

DANS LA POÉSIE!

47

Achevé d'imprimer par l'Imprimerie du Marval, à 94400 Vitry-sur-Seine, en mai 1985 - Dépôt légal : Juin 1985